MOSAICO ITALIANO
Racconti per stranieri
9

serie *Miba Investigazioni*

Nicoletta Santoni
Ferie
pericolose

LIVELLO 3/4

GW00567600

BONACCI EDITORE

Printed in Italy

Bonacci editore srl
Via Paolo Mercuri, 8
00193 ROMA (Italia)
tel:(++39)06.68.30.00.04
fax:(++39)06.68.80.63.82
e-mail: info@bonacci.it
http://www.bonacci.it

Faceva caldo, quella sera. Miriam Blasi sfogliava il fascicolo che riguardava la "Farmer", industria farmaceutica di proprietà della famiglia Bettoni.

"Spionaggio industriale[1]" pensò senza esitazione. Qualcuno aveva sottratto la formula chimica di una nuova preparazione per la cura della cefalea[2] e l'aveva venduta alla concorrenza svizzera. Gli svizzeri avevano prodotto delle pillole che garantivano un'efficacia del 98%, una specie di cura miracolosa, quindi.

Le perdite erano state ingenti[3] per la "Farmer".

Del caso si stava occupando Barbara Martini, la sua socia.

– Ah-ah... guarda-guarda... – a Miriam capitava di riflettere ad alta voce quando scopriva qualcosa di interessante.

Alla "Farmer" avevano poco di che rallegrarsi: il chimico che aveva lavorato alla preparazione era morto in un incidente stradale pochi mesi prima, e la formula era conservata in un archivio che poteva essere consultato solamente dai Bettoni[4]. Perciò a vendere le informazioni era stato qualcuno di famiglia.

Barbara stava dietro al nipote, un Bettoni anche lui.

"Certo che... se non ti puoi fidare nemmeno di tuo nipote..." pensò Miriam chiudendo il rapporto.

Per fortuna quello era l'ultimo caso prima delle vacanze.

Lei e Barbara erano esauste. I loro assistenti e la segretaria erano in ferie[5] dai primi del mese, e gli ultimi giorni, da sole... "ffff, che fatica..."

Era stato un anno frenetico... Non avevano avuto un momento di riposo.

Miriam si sedette in poltrona e si guardò intorno: erano state brave, lei e Barbara. I primi tempi non avevano neanche i soldi per pagarsi l'affitto di un vero ufficio! Poi, con il tempo... appartamento a via Mario

---

1 *Spionaggio industriale*: furto di segreti da un'industria.
2 *Cefalea*: mal di testa.
3 *Ingenti*: plurale di *ingente*, molto grande (soprattutto con somme di denaro).
4 *Dai Bettoni*: il cognome rimane sempre invariato anche quando potrebbe formarsi un plurale (ad esempio, la famiglia Lallo o i Lallo).
5 *Ferie*: le vacanze di chi lavora (*essere in ferie, prendere le ferie, chiedere le ferie, andare in ferie, avere le ferie*).

de' Fiori, in pieno centro, segretaria, assistenti per le indagini, macchine, videoregistratori, telecamere, microfoni e altri apparecchi alla James Bond[6]. Se non si fossero messe in testa di fare le investigatrici private, da sole, contro tutti, la *Miba Investigazioni* non sarebbe mai nata.

E invece, che soddisfazione! Ormai il telefono squillava in continuazione e capitava persino di dover rifiutare qualche caso...

... non male, no.

Ma che fine aveva fatto Barbara? Doveva essere in agenzia per le sette...

Miriam guardò ancora una volta l'orologio poi, finalmente, sentì il rumore della chiave nella serratura.

– Barbara, sei tu?

– Sì. Sono io, ma preferirei essere un'altra...

Davvero strana come risposta. Miriam si alzò.

– Ehi! Ma cos'è quell'aria depressa? E che diamine[7] ti sei messa addosso? – Barbara, cosa insolita per un'ex modella, indossava una maglietta scolorita e un paio di pantaloni larghi. Miriam, con un gesto affettuoso, le mise un braccio sulle spalle – Ma cos'hai?

– Oh, beh... Niente... Poi mi passa. Ho perso le chiavi di casa. Questi me li ha prestati mio fratello – spiegò Barbara indicando i vestiti.

– Hai perso le chiavi? Ma come hai fatto?

– Non lo so. Lasciami in pace... Non ci sto molto con la testa[8]. E poi a te che te ne importa? Prima mi dici *occupati di questo caso, stai addosso a Bettoni junior e su e giù*, e poi... ecco come va a finire...

Miriam era confusa: aggressiva? Barbara, la sua socia, aggressiva? E perché stava buttando all'aria[9] il tavolo?

– Va bene, ora calmati, se hai qualche problema possiamo parlarne... Abbiamo deciso insieme che ti saresti occupata *tu* del caso Bettoni...

– Sì. Però io non sapevo chi era Leonardo e meno che mai avrei immaginato di doverlo mandare in galera, proprio io! – piagnucolò inaspettatamente Barbara continuando a rovistare tra le sue cose.

– In galera? Leonardo?? Leonardo??? Ma certo: LEONARDO BET-

---

6 *Alla James Bond*: alla (maniera di) James Bond.
7 *Che diamine*: (esclamazione) esprime meraviglia, disapprovazione, ecc.
8 *Non ci sto con la testa*: non mi concentro sulle cose.
9 *Stava buttando all'aria*: stava spostando le cose in fretta, con disordine.

TONI! Il nipote, uno dei sospettati... Ho capito! – esclamò Miriam portandosi una mano alla fronte – ti sei presa una cotta[10]... ma lui è..., cioè potrebbe essere un...

– ... *ladro*! Dillo. Non ti farà paura dire *ladro*, no? Eccole! Le ho trovate! – dal momento che sventolava le chiavi sotto il naso di Miriam, Barbara sembrava più tranquilla.

– Okay, ragioniamo. Lui sarà un tipo affascinante, d'accordo, è chiaro che ti piace... lo capisco, ma poi ti passa, ne sono sicura. E cosa sarà mai questo Leonardo...? Ehi! Dove le avevi messe?

– Cosa?

– Come *cosa*? LE CHIAVI! Dove avevi messo le chiavi?

– Ah, scusa... Erano qui. Nel frigobar[11], vicino al tè freddo.

– Nel frigobar??? – Miriam si accese una sigaretta per prendere tempo, pochi secondi necessari a convincere Barbara – Senti... domani chiudiamo... Hai bisogno di una vacanza. Con i Bettoni parlo io, ormai gli svizzeri hanno vinto e noi ci dobbiamo tenere la cefalea o il mal di testa, o come diavolo si chiama...

– Ma io volevo chiederti di aiutarmi...

– ...il caso rimane aperto e se ne riparla a settembre. E poi, tanto, pure loro... per qualche miliarduccio[12] in meno, non moriranno mica!

– Okay... andrò in Sardegna, mi hanno invitato a Porto Cervo[13].

Meno male! Barbara sembrava più ragionevole.

Miriam doveva essere molto stanca. Quel cambiamento di umore improvviso avrebbe dovuto insospettirla.

Roma, sabato 9 agosto
Ore 12:00

Miriam aveva dimenticato cosa si provasse a dormire fino a tardi... Che meraviglia! Si stiracchiava tra le lenzuola con immenso piacere...

---

[10] *Ti sei presa una cotta*: ti sei innamorata follemente.

[11] *Frigobar*: piccolo frigorifero per bevande, usato soprattutto nelle stanze d'albergo e negli uffici.

[12] *Miliarduccio*: diminutivo di *miliardo*. Il suffisso -uccio è spesso dispregiativo e in questo caso è ironico.

[13] *Porto Cervo*: località turistica di lusso della Costa Smeralda.

Guardò la sveglia: mezzogiorno!

Doveva alzarsi. Le agenzie di viaggi il sabato chiudono all'una. Aprì le persiane e si lasciò investire dall'umidità bollente che entrava dalla finestra. Che caldo afoso! Bisognava scappare al più presto da Roma. Si affacciò: silenzio. Si sporse a guardare le altre finestre del palazzo: tutte chiuse. Incredibile, che fosse l'unica in tutto il quartiere?

L'inquilino dell'ultimo piano, un ricercatore universitario, era partito per gli Stati Uniti, la famiglia Mezzali della porta accanto si era trasferita alla casa di Fregene[14], e i tre studenti fuorisede[15] che occupavano l'appartamento sotto di lei erano tornati a casa per la chiusura estiva dell'Università.

Non era rimasto nessuno.

Quell'anno, poi, persino il bar sotto casa era chiuso... il bar di Romolo! Un tempo lei e Barbara si incontravano lì. Occupavano l'unico tavolo a disposizione dei clienti e parlavano. Parlavano dei loro progetti e bevevano cappuccini. Quando cercavano un nome per l'agenzia, era stato proprio Romolo a consigliare loro di fondere la prima sillaba dei loro nomi di battesimo, MI-riam e BA-rbara, Mi-ba...

...MIBA!

Miriam non avrebbe cambiato il suo appartamentino per nulla al mondo!

Mezzogiorno e un quarto: doveva scappare al più presto! Doccia gelata, brrrr!!! e via, di corsa, o non avrebbe più potuto prenotare.

Miriam sfrecciava in motorino[16] tra le poche macchine in fila al semaforo. Scese in centro passando dal Muro Torto e in pochi minuti raggiunse piazza Cavour. Parcheggiò accanto a una Cinquecento, legò il motorino a una palo della luce, ed entrò di corsa nell'agenzia di viaggi.

– Guardi che stiamo chiudendo – la avvertì una delle impiegate.

---

[14] *Fregene*: centro balneare a nord di Roma.

[15] *Fuorisede*: di un'altra città, che vivono a Roma solamente per studiare.

[16] *Motorino*: ciclomotore. A Roma la metropolitana permette di raggiungere una zona molto limitata della città e gli autobus pubblici sono lenti a causa del traffico. La maggior parte dei romani, perciò, si muove in macchina o in moto (motociclette, ciclomotori, Vespa).

– Aspetta, sono io... – Miriam si sfilò il casco per farsi riconoscere
– Oddio, un altro po' e morivo soffocata...
– Miriam! E chi ti riconosceva così combinata[17]? Come stai? – Laura le si avvicinò e le diede un bacio, affettuosa come sempre.
– Bene grazie, e tu? Ho fatto tardi... Scusatemi... – disse Miriam rivolgendosi anche agli altri impiegati dell'agenzia.
– Non fa niente. Vieni. Il terminale è ancora acceso.
Laura era sempre contenta di vedere Miriam. Sei mesi prima si era presentata alla *Miba Investigazioni* a chiedere aiuto e tra loro era nata una profonda amicizia.
– Ho dormito fino a tardi, non ho scusanti!
– Hai fatto bene. Te lo meriti... Stamattina è passata Barbara e mi ha detto che avete lavorato fino a ieri.
– Ah, è venuta a ritirare i biglietti per la Sardegna?
– No. Veramente no... – Laura sembrava imbarazzata, temeva di aver fatto una *gaffe*[18] – È passata a salutarmi.
Miriam rimase male. Barbara cominciava a preoccuparla, che avesse messo in frigorifero anche la prenotazione per Porto Cervo?
– Mah... ci avrà ripensato... Che caldo! Senti, io non ho ancora la minima idea di dove andare in vacanza. So solo che voglio mare, di quello azzurro, trasparente e con poca gente ma... interessante...
Laura rise. Aveva capito. Accese lo schermo del terminale.
– Okay... Vediamo cosa si può fare... mare azzurro, trasparente, poche famigliole rompiscatole e tanti tipi interessanti... Ho capito bene?
– Perfetto! Non potevi riassumere meglio.
– Spero che non sia per domani perché fino a ferragosto[19] è pieno dappertutto...
– ...no no, non è per domani... – Laura tirò un sospiro di sollievo – è per *oggi*.
Laura, nonostante la torrida[20] temperatura estiva, provò un brivido lungo tutta la schiena.

---

[17] *Così combinata*: (informale) vestita così.
[18] *Gaffe*: (parola francese) da *fare una gaffe*, fare una brutta figura.
[19] *Ferragosto*: il 15 agosto, festa religiosa. Si usa anche per riferirsi alla settimana intorno al 15. È il momento dell'anno in cui tutti vanno in vacanza.
[20] *Torrida*: caldissima.

Roma, sabato 9 agosto
Ore 18:00

Alle sei del pomeriggio Miriam saltava sulla valigia cercando di chiuderla. Era un sistema primitivo ma in genere funzionava. Non era stato facile, ma alla fine Laura era riuscita a trovarle un posto su un aereo per la Grecia.

Perciò Miriam aveva preso una valigia e ci aveva infilato un costume intero, un due pezzi[21], un telo da mare, tre vestiti, quattro paia di pantaloncini corti, un paio di jeans e una felpa blu ("dovesse piovere"), una decina di magliette di tutti i colori, un paio di sandali, uno di scarpe da tennis bianche ("così le metto su tutto"), un mucchio di libri ("questo è un secolo che lo voglio leggere"), biancheria intima[22], spazzolino da denti, crema solare a protezione quattro ("è pure troppo"), walkman, qualche cassetta, una penna ("non si sa mai"), macchina fotografica automatica ("per immortalare gli incontri") e...

...stop!

Niente microfoni, né registratori, né cellulare[23], niente di niente.

"Sarà la settimana più bella di tutto l'anno..." Già sentiva il sole e il formicolio del sale che ti rimane addosso quando il vento ti asciuga la pelle...

A che ora aveva l'aereo? Prese il biglietto per controllare: volo Roma-Atene, ore 21.30, una notte all'hotel "Electra" e l'indomani volo da Atene a Santorini.

Le sei e un quarto: per fortuna non era in ritardo. Prese il telefono e chiamò *Radio Taxi*.

– Pronto? Buonasera. Vorrei un taxi per Fiumicino[24]. Subito, sì. Via dei Vestini trentanove, no: trentanove! sì, tre-nove. Grazie.

Musichetta durante l'attesa poi, finalmente, la conferma della chiamata.

Riagganciò. Aveva giusto il tempo di chiudere le finestre, il gas e

---

[21] *Un due pezzi*: un costume due pezzi, bikini.
[22] *Biancheria intima*: mutande, calze, reggiseni, collant, canottiere, magliette, body, ecc.
[23] *Cellulare*: telefono portatile.
[24] *Fiumicino*: comune della provincia di Roma dove è l'aeroporto Leonardo da Vinci.

l'acqua, e di scendere a piedi con la valigia. Il palazzo era vecchio e senza ascensore.

Quando fu sulla porta squillò il telefono.

Fece per andarsene ma si fermò: il suo sesto senso le suggerì di aspettare. La segreteria telefonica sì inserì al secondo squillo, Miriam alzò il volume.

Ciao, sono Miriam. In questo momento sono in Grecia, in vacanza, al sole, a leggere un libro. Se vuoi, puoi lasciare un messaggio dopo il segnale acustico. Ti richiamerò quando torno... Ciao- ciao...

Qualche secondo, poi il *bip*:

– Pronto, Miriam? Sono nonna. Come stai?...

"Oddio, è Nonna Chelina[25]!

Nonna Chelina era la nonna di Miriam. Chiamava dalla Puglia, dove ogni anno trascorreva l'estate. Era anziana e anche un po' sorda ma dentro si sentiva come quando aveva vent'anni. Miriam le aveva comprato un apparecchio acustico[26] ma lei non lo metteva mai... *Mi fa sentire vecchia*, diceva.

Miriam lasciò cadere la valigia sulla porta di casa e si precipitò a rispondere.

– Nonna! Pronto! Nonna, ciao, sono io, guarda che finora hai parlato con la segreteria telefonica!

– Oh... beh... pazienza. Io non capisco che bisogno c'è di vivere in mezzo a un mucchio di arnesi infernali.

– Nonna, stai bene?

– Mai stata meglio in vita mia, perché? Mi volevi dire qualcosa?

– Nonna, sei stata tu a telefonarmi, non io. NOOOOONNA, TI PREEEEGO, cerca di ricordare... ho un aereo tra due ore, sto partendo... – Miriam era allarmata.

– Ah, sì, ora ricordo: ti volevo dire che sono all'osp...

– ALL'OSPEDALE?! Cos'hai? Come stai? Come è successo? È grave? Passami un dottore. Non ti muovere da lì. Vengo subito...

---

[25] *Chelina*: da *Michelina*, diminutivo di Michela.
[26] *Apparecchio acustico*: apparecchio per sentire meglio.

9

– *No, Miriam, no, aspetta! Io sto benissimo. È Pina[27] che si è fatta male. È caduta dalle scale...*

– *?!*

Miriam non aveva più parole. Si lasciò scivolare senza forze sul pavimento bollente. Sentì che il peggio doveva ancora venire e riuscì solo a deglutire in silenzio.

– *...si è rotta una gamba. Non è grave, ma ne ha almeno per quaranta giorni...*

Ecco: il peggio era venuto.

Roma, sabato 9 agosto
Ore 21:00

Si stava facendo notte. Miriam guidava in silenzio. Non aveva neanche voglia di accendere la radio.

Detestava l'aria condizionata perciò sopportava il caldo soffocante che entrava dai finestrini spalancati della macchina. Stava per imboccare il raccordo anulare[28]. Almeno fuori città avrebbe trovato un po' di sollievo.

Frenò. L'ultimo semaforo prima del raccordo era appena diventato rosso. Ne approfittò per tirarsi su i lunghi riccioli neri che le tenevano ancora più caldo. Si guardò nello specchietto retrovisore cercando di legarli in una coda di cavallo: aveva gli occhi arrossati e stanchi. Non avrebbe dovuto viaggiare di sera, avrebbe dovuto fermarsi a dormire da qualche parte. Ma preferiva proseguire.

Ormai era in viaggio... Meglio raggiungere Nonna Chelina quella stessa notte. L'indomani avrebbe potuto riposare.

Sospirò. Addio Grecia! Addio mare azzurro e trasparente! Addio a tutto il resto!

Non appena scattò il verde, un tizio dietro di lei la riportò alla realtà suonando il clacson nervosamente.

"Ma... ce ne sono di imbecilli in giro!" pensò Miriam ingranando la prima.

---

[27] *Pina*: diminutivo di Giuseppina.
[28] *Raccordo anulare*: strada a forma di anello; collega tra di loro le strade di grande comunicazione di Roma.

Seguì le indicazioni per la Roma-Napoli[29]. "Okay, ormai sono in ballo e devo ballare" pensò con serenità.

Nonna Chelina era anziana e non poteva certo starsene da sola. Per questo Miriam ogni anno, quando la nonna si trasferiva al mare, assumeva Pina, un'energica signora pugliese[30] che si occupasse di lei e della casa. Una tata[31] tuttofare, insomma.

Non che Nonna Chelina non fosse in grado di badare a se stessa... Anzi! Miriam pensò a quella volta che l'aveva aiutata a risolvere il "Caso Jane Prince", la famosa modella americana. Se non fosse stato per i consigli di Nonna Chelina, Miriam non ne sarebbe mai venuta a capo, e non avrebbe neanche conosciuto Barbara, la sua socia.

Già... Barbara... "Beata lei! A quest'ora sarà già arrivata a Porto Cervo e domani mattina se ne starà sdraiata in pace a prendere il sole davanti a una bibita ghiacciata..."

Meglio non pensarci...

Miriam aveva davanti un pesante autotreno che la rallentava.

Mise la freccia a sinistra, scalò la marcia, lampeggiò con i fari, guardò ancora lo specchietto retrovisore, infine si immise sulla corsia di sinistra e accelerò, lasciandosi alle spalle l'autotreno.

E i rimpianti.

Torre San Giovanni, sabato 9 agosto
Ore 20:30

Stava finendo il *TG1*[32] delle otto quando Nonna Chelina sentì il rumore di una macchina che frenava e l'inconfondibile scatto di una portiera[33] che si apriva.

Spense il televisore. Si alzò, si avvicinò alla porta della villetta che Miriam aveva preso in affitto per lei e per Pina e la aprì.

Barbara corse verso di lei a braccia aperte e la baciò stringendola a sé.

---

[29] *Roma-Napoli*: l'autostrada Roma-Napoli.
[30] *Pugliese*: della Puglia.
[31] *Tata*: una governante (in genere si usa per i bambini).
[32] *TG1*: il telegiornale del primo dei tre canali della R.A.I (Radio Televisione Italiana), la televisione pubblica.
[33] *Portiera*: la porta di un'automobile.

11

– Chelina... quanto tempo che non ci vediamo...

– Eh già, figliola, tu non vieni più a trovarmi... – la rimproverò bonariamente Nonna Chelina che non la vedeva più tanto spesso nel suo appartamento a Trastevere, a Roma.

– Hai ragione scusa. Sai... con tutto quello che è successo, in questi ultimi tempi.

– Lo so, lo so... tengo la tua lettera ben nascosta non ti preoccupare – nel dirlo Nonna Chelina si toccò varie volte il petto – eh! l'amore, l'amore... che bella cosa... se fossi giovane io! Ma vieni, tesoro, accomodati, entra... Pina! È arrivata Barbara! Scendi!

Barbara ringraziò, poi fece un cenno a qualcuno che era rimasto indietro, fuori, vicino alla macchina, una Lancia scura di grossa cilindrata.

– Vieni, che ti presento Nonna Chelina, la nonna di Miriam.

– Beh? Che fai figliolo[34]? – Nonna Chelina fece un gesto con la mano – Hai intenzione di dormire in giardino? – poi si rivolse di nuovo a Barbara – Per caso è un po' timido il tuo ragazzo?

Barbara non riuscì a trattenere una risata.

– Dài, vieni! – gridò ancora verso l'esterno.

Nonna Chelina vide avanzare un tipo magro, non troppo alto, con i capelli lisci, a caschetto[35], che ricadevano su un paio di occhiali dalle lenti rotonde. Dietro alle lenti si affacciavano due occhietti marroni, da cerbiatto spaventato.

– Oddio! – esclamò Nonna Chelina – e questo sarebbe il pericoloso trafficante di formule segrete?

Barbara annuì mordendosi il labbro superiore.

– Eh già, questo è Leonardo. Leonardo, questa è Chelina, la nonna più strampalata[36] che abbia mai conosciuto in vita mia.

Torre San Giovanni, domenica 10 agosto
Ore 12:00

La luce forte del sole filtrava nonostante la serranda abbassata. Miriam si stiracchiò in un letto che sul momento non riconobbe.

"?"

---

[34] Le persone di una certa età tendono a dare del *tu* ai giovani.
[35] *A caschetto*: pettinatura, i capelli sono lisci, corti e regolari intorno al viso.
[36] *Strampalata*: strana, stravagante.

Sbadigliò... "mezzogiorno? devo andare in agenzia!"
Ma *quale* agenzia?

Riconobbe la camera di Pina, a Torre San Giovanni[37]. La nonna, visto che Pina era bloccata all'ospedale di Lecce[38], l'aveva passata a lei.

Miriam era arrivata alle tre del mattino.

Si era fermata solamente una volta, per andare in bagno, mangiare qualcosa e buttare giù un caffè doppio.

Conosceva bene la strada: la Roma-Napoli prima, la Caserta-Bari poi. A Bari, superstrada per Lecce, svolta al bivio per Leuca in direzione di Ugento. Da Ugento a Torre San Giovanni era questione di pochi minuti.

Ogni anno accompagnava Nonna Chelina a giugno e tornava a riprenderla a settembre. Si fermava due giorni, mangiava la pasta fatta in casa da Pina, poi riprendeva la strada per Roma verso la vita di sempre.

"Ogni anno... quest'anno invece..."

Sospiro.

"... la Grecia..."

Altro sospiro.

Meglio alzarsi.

Oh beh! In fin dei conti la Puglia era una regione fantastica. Ma sì... il mare era ancora pulito e Torre San Giovanni, poi, non era neanche troppo affollata.

I turisti, romani soprattutto, si fermavano a Gallipoli e a Santa Maria di Leuca[39]. Si ammassavano in alberghi prenotati mesi prima, scendevano ogni mattina in spiagge dove piantare un ombrellone è un miracolo, e riempivano ogni sera i ristoranti della costa, per abbuffarsi di *recchietelle*[40] e tarallini[41] piccanti accompagnati da vino rosso casereccio.

---

[37] *Torre San Giovanni*: stazione balneare di Ugento (provincia di Lecce) nel Salento.

[38] *Lecce*: una delle province della regione Puglia, al centro del Salento.

[39] *Gallipoli e Santa Maria di Leuca*: località turistiche molto frequentate. Santa Maria di Leuca è sulla punta estrema della penisola salentina, tra il canale d'Otranto e il golfo di Taranto; Gallipoli, all'interno del golfo, è famosa per il suo centro storico situato su un'isoletta, collegata alla terra ferma da un ponte.

[40] *Recchietelle*: nome (in dialetto pugliese) delle *orecchiette*, una pasta tipica della regione preparata con farina di grano duro e acqua (senza uova) e condita con salsa di pomodoro o cime di rapa.

[41] *Tarallini*: salatini tipici del sud Italia, a forma di ciambella sottile insaporiti con semi di anice, peperoncino, pepe, formaggio, ecc.

"Mah..." pensò Miriam guardandosi allo specchio gli occhi ancora gonfi di sonno "godiamoci quel che si può..."

Scese al pianterreno.

Deserto.

Dove poteva essere Nonna Chelina?

Miriam l'aveva trovata un pochino sciupata[42]. "Poverina, si sarà sentita sola" pensò con una punta di rimorso "d'altronde, come prevedere che Pina si sarebbe fatta male?"

Meno male che ormai c'era lei ad occuparsi della nonna...

Torre San Giovanni, domenica 10 agosto
Ore 11:00

– Mi hai capito? Io ora torno a casa. Comprerò il latte così Miriam non avrà sospetti. Fate come vi ho detto e non vi preoccupate troppo... Al resto pensiamo Pina e io.

– Sì... – ma Barbara col cuore sembrava proprio dire *no* – Chelina! CHELINA!!! – Barbara era costretta a urlare perché Nonna Chelina nella fretta di uscire di nascosto aveva dimenticato un'altra volta di mettere l'apparecchio acustico – io un po', IO UN PO', MI SENTO IN COLPA!!!

– Oh, beh... la colpa... la colpa... Senti, tu l'avresti fatto per Miriam?

– CERTO! – Barbara non dubitò nemmeno un istante.

– E allora? Tutto a posto, no?

Barbara guardò Leonardo. Leonardo abbassò gli occhi, confuso. Aveva l'aria di chi si sente responsabile e poi quella nonna, quella strana nonna, quella super nonna, lo metteva a disagio.

– E se le cose non vanno come prevede lei? – chiese.

– Figliolo – ci sono cose che una persona un po' sorda capisce anche senza apparecchio – le cose *andranno* come prevedo io. È ovvio. Hai lasciato bene in vista il fax con la prenotazione dell'albergo?

– Sì. È nella mia stanza, a Roma...

– ...E hai fatto sapere a tutti che saresti partito?

– Sì. Ho detto che andavo a un convegno sull'arte astratta a Parigi, ma hanno capito tutti che era una balla[43]...

---

42 *Sciupata*: dimagrita e stanca.
43 *Balla*: bugia, frottola.

– Ci credo... chi vuoi che organizzi un convegno sull'arte astratta a ferragosto? Sei stato bravo. Ora andrà tutto come deve andare. Conosco mia nipote, ha l'animo irrequieto... Non riuscirà a starsene tranquilla...

– Speriamo...

Torre San Giovanni, domenica 10 agosto
Ore 14:00

Era un secolo che Miriam non sedeva a tavola all'ora di pranzo.

– Mhhh, nonna, questi gamberi sono buonissimi... ma come li fai?

– Miriam cominciava già a star meglio, se star meglio poteva dirsi riuscire a rimuovere il pensiero della Grecia almeno per dieci minuti consecutivi. Vero era che con la cucina di Nonna Chelina, magari non sarebbe stato difficile dimenticarla del tutto...

– Poi ti do la ricetta. Adesso pensa a rilassarti e basta.

– Ma nonna, sono io che devo occuparmi di te, non tu di me!

Miriam si accese una sigaretta. "Da domani niente più pranzo in casa..." Aveva voglia di mare, di andare in spiaggia al mattino e rimanerci fino tardi.

– Fffffff...... – faceva caldo anche là.

Miriam si alzò da tavola e spalancò la finestra per far entrare il venticello che per fortuna soffiava giorno e notte per le strade larghe e piane del paese.

Si affacciò con la sigaretta tra le dita e guardò le case intorno, tutte uguali, tutte bianche e basse e quadrate. Tutte coperte da antenne e fili del bucato incurvati dal peso dei teli da mare: stesso colore, stessa forma, eppure così diverse, trasformate dalla mano di chi le abita.

Era contenta di essere lì.

Contenta di essere con Nonna Chelina.

Torre San Giovanni, lunedì 11 agosto
Ore 10:00

La mattina del lunedì Miriam riuscì a svegliarsi prima. Alle dieci era già in cucina e riempiva la borsa termica di frutta matura: susine, fichi, uva... Aprì il frigo, prese una bottiglia di acqua minerale gelata e del formaggio per preparare qualche panino.

"Che strano..." pensava mentre cercava un coltello affilato per aprire le focacce[44] "prima a nonna non piaceva andare in spiaggia e invece stavolta è stata lei ad insistere per venire con me".

Avevano scelto Le Pazze, un tratto di costa di sabbia e scogli, dove Miriam andava sempre da bambina, con i cugini e il nonno.

Il nonno le aveva insegnato a pescare. Miriam riempiva sempre il retino di paguri, granchi, ricci, patelle e gamberi[45], di quelli minuscoli, trasparenti come l'acqua in cui vivono. Li teneva per un po' dentro un secchiello pieno di acqua salata poi, prima di tornare a casa, lo svuotava sugli scogli. Al nonno piaceva guardarla mentre faceva ciaociao con la sua mano paffutella di bambina a quegli esserini che guizzavano via, verso la libertà ritrovata.

La nonna diceva che a Le Pazze si stava ancora bene come allora: qualche pescatore e gruppetti di signore che ricamavano e facevano merletti con il tombolo[46]. Magari Miriam avrebbe potuto tuffarsi dalla parte alta degli scogli e raggiungere l'isolotto là davanti. Da bambina trascorreva ore e ore a guardarlo. Fantasticava, sognava, e aspettava con ansia il giorno in cui il nonno le avrebbe dato il permesso di nuotare fin là. L'età per farlo era arrivata, ma lei non era più tornata...

– Miiiiriam, sei prooonta? – la voce di Nonna Chelina ruppe il flusso dei ricordi e la riportò di colpo al presente.

– Sì, nonna, sono in cucina.

– Miriam? Miiiiriam?? Sei prooooonta?

– Nonna? NONNA! SONO QUI! L'APPARECCHIO!!! METTI L'APPARECCHIO, PER CARITÀ – la implorò Miriam urlando con tutta la forza che poteva.

Torre San Giovanni, lunedì 11 agosto
Ore 10:15

Pina bussò varie volte alla porta della stanza numero trenta. "Le dieci e un quarto. Non staranno mica dormendo?"

---

[44] *Focacce*: plurale di *focaccia*, pane pugliese schiacciato, all'olio, con pomodorini e spezie.
[45] *Paguri... gamberi*: molluschi, crostacci e frutti di mare.
[46] *Merletti con il tombolo*: veli o tessuti a nodi e intreccio che si usano per ornare vestiti, lenzuola, ecc.

– Chi è? – chiese con prudenza Barbara...

– Sono io, Pina.

Prima di aprire Barbara girò la chiave dall'interno.

– Pina! Finalmente! Credevo che non venissi più.

– Oh... Tu non conosci Chelina! Mi ha telefonato alle sette, sta-mattina!

Barbara sorrise commossa alla vista di quell'energica e rotonda donna pugliese che avrebbe fatto qualunque cosa per dare una mano a Chelina, la sua più cara amica.

– Ora mi siedo sul balcone e vi avverto appena arrivano in spiaggia – annunciò Pina risoluta, trascinando una sedia verso la finestra – così le teniamo d'occhio.

Barbara sorrise divertita.

– Io vado a chiamare Leo, giù al bar, e torno subito.

– Vai, vai, che qui ci pensa la tua Pina...

L'albergo in cui alloggiavano Barbara e Leonardo era un albergo a tre stelle, semplice, non certo di lusso, ma pulito e ben organizzato. Stanze normali, bagni piccoli con doccia, balconcini per prendere il sole.

A Torre San Giovanni ce ne erano molti, di alberghi e pensioni come quelle. Aprivano d'estate e vivevano grazie a un turismo di gente semplice: coppie di una certa età, famiglie con bambini o ragazzoni adolescenti che alla sera invadevano il lungomare e le gelaterie del porto in cerca di coetanei.

Certo, Barbara, che prima di incontrare Miriam faceva la modella, aveva conosciuto ben altri alberghi!

Ma non aveva nulla da invidiare al passato. Ora era un'investigatrice, poteva contare su un'amica che era come una sorella, e in più aveva... Leo...

Se si risolveva tutto per il meglio, sentiva che sarebbe stata la donna più felice della terra...

Torre San Giovanni, lunedì 11 agosto
Ore 10:30

Finalmente in spiaggia, dopo tutto un inverno passato a correre a destra e a sinistra, Miriam non riusciva a spiegarsi il comportamento di Nonna Chelina e la fissava con aria interrogativa.

17

La nonna sembrava tornata indietro nel tempo: aveva indossato un costume a fiori, si era spalmata perbene di crema solare e, a quanto diceva, aveva intenzione di fare il bagno!

– Ehi, figliola! Che fai tutta coperta a quel modo?

– !? – Miriam si guardò: aveva indosso solamente un costumino nero. E tanto castigato[47] non doveva essere a giudicare dalle occhiate che le lanciava il tipo dell'ombrellone accanto. Miriam lo guardò di soppiatto: calvo, pancetta sporgente sopra un largo pantaloncino, ciabatte nere perfettamente allineate accanto alla seggiolina di legno, radiolina portatile, *Gazzetta dello Sport*[48] e sbirciatina[49] a Miriam ogni volta che la moglie si distraeva per urlare ai figli *venite fuori, che avete mangiato da poco!*

"Proprio quello che ci mancava!" pensò Miriam cercando nella sacca da mare il libro della Covito[50] cominciato la sera prima.

La nonna intanto si avviava verso riva, incurante degli sguardi della gente. Miriam detestava i ficcanasi[51], ma in quell'occasione davvero non poté biasimare nessuno: non capitava tutti i giorni di assistere al bagno di una vecchietta con pinne, maschera e boccaglio[52].

"A volte mi sento più vecchia io..." fu la sua conclusione.

Torre San Giovanni, martedì 12 agosto
Ore 8:00

Miriam spalancò gli occhi di colpo. Le otto... Qualcosa l'aveva messa in agitazione fin dalla sera prima, un pensiero che andava e veniva tormentandola anche nel sonno.

"Fffff... perché il mio maledetto intuito non va mai (mai!!!) in vacanza?..." si chiese sprofondando sotto il lenzuolo.

Che buon profumo di bucato fresco... Eh già... la nonna aveva preparato con cura la stanza per lei... con molta cura... e poi...

---

[47] *Castigato*: molto rispettoso della morale.
[48] *Gazzetta dello Sport*: il più diffuso quotidiano sportivo. Fu fondato a Milano nel 1896 ed è l'organizzatore del *Giro ciclistico d'Italia*.
[49] *Sbirciatina*: occhiatina attenta.
[50] *Covito, Carmen*: scrittrice contemporanea (1948).
[51] *Ficcanasi*: eccessivamente curiosi, indiscreti.
[52] *Pinne, maschera e boccaglio*: gli oggetti necessari ai nuotatori subacquei.

Ecco che quel dubbio fastidioso tornava a solleticarle la mente, impedendole di dormire...

"Chi aveva portato Pina in ospedale?" la domanda sconfisse drasticamente quel poco di sonno che ancora avrebbe potuto prendere il sopravvento.

Miriam si alzò per aprire la serranda.

"Come mai Nonna Chelina non mi ha raccontato nulla dell'incidente di Pina?"

Nel tornare indietro inciampò nella sua valigia. Dalla notte del suo arrivo era rimasta lì, a terra, in un angolo della stanza. "Sarà meglio sistemare qualcosa" pensò massaggiandosi il piede dolorante.

Zoppicando si spostò fino all'armadio. Aprì gli sportelli e cominciò a tirar fuori le stampelle per appendere i vestiti.

L'armadio era vuoto.

Completamente vuoto.

"?!"

Ricapitolò: Pina era in quella casa da un mese e mezzo. Una mattina, scendendo le scale era caduta malamente e si era fratturata una gamba. Una brutta frattura, avevano detto in ospedale.

Già... ma chi l'aveva portata in ospedale? quando? come? e... perché l'armadio era vuoto?

Miriam frugò nel comodino vicino al letto, aprì il cassettone, guardò persino nel mobiletto del bagno e nella scarpiera del corridoio.

Niente.

Pina era andata in ospedale portando con sé vestiti, scarpe e costumi da bagno.

Davvero strano... molto strano.

Per pranzo Miriam aveva preparato un'insalata mista di quelle che piacevano a lei, con lattuga, pomodori rossi, ravanelli, finocchi, sedano, cipollina fresca, qualche carota e persino una zucchina tagliata sottile sottile. Mentre per completare l'opera condiva con olio di oliva, aceto, sale e pepe, la nonna rientrò dalla sua passeggiata mattutina.

Avevano stabilito che un giorno sarebbero andate in spiaggia e il giorno seguente sarebbero rimaste a casa, a riposare, leggere, chiacchierare.

– Miriam?

– Sì, nonna, sono qua, in cucina. Hai trovato la mozzarella?

– Ecco qua – disse la nonna mettendo sul tavolo una bustina di *nodini* [53].

– Devono essere freschissimi... – fu la tiepida risposta di Miriam.

La nonna la guardò con aria interrogativa: che sospettasse qualcosa? Bisognava passare rapidamente alla seconda fase del piano.

– Che sciocca! Ho dimenticato il portafoglio da qualche parte! Forse quando ho fatto la spesa... – disse Nonna Chelina frettolosamente – no, no, vado io – aggiunse vedendo che Miriam faceva il gesto di avviarsi verso la porta – tu comincia ad apparecchiare. La tovaglia è nel cassetto del tavolo, io faccio in un attimo.

Nonna Chelina uscì di casa e si precipitò nella cabina telefonica più vicina.

– Pronto? La stanza trenta, per favore... Sì? Barbara? Sono Chelina... Senti, credo che Miriam sospetti qualcosa. La vedo strana... Bisogna che in qualche modo ti fai vedere... Va bene... Stasera... D'accordo...

– Voglio proprio farti assaggiare il gelato del "Pianeta blu" – disse Nonna Chelina quando arrivarono all'altezza del porto.

Avevano cenato presto ed erano uscite a fare una passeggiata.

Il lungomare era pieno di gente, come ogni sera.

– Il "Pianeta blu"? Che strano nome per una gelateria...

– Ti consiglio "Magia Interstellare", è buonissimo.

– ?!

– Non mi guardare così! Ti dico che è buono! C'è dentro crema spruzzata di gocce di cioccolato e liquore ed è tutto coperto di nocciole tritate. Sembra davvero un paesaggio extraterrestre.

– Pensavo che si usassero ancora i coni [54] da queste parti – fu il commento ironico di Miriam.

Miriam aspettava il momento giusto per fare qualche domanda alla nonna. Continuava a chiedersi perché tanto mistero su Pina e sulla sua caduta... e come mai non erano mai andate a farle una visita in ospedale?

Finalmente arrivarono al "Pianeta blu" e fecero la fila per sedersi all'aperto, sotto una sfera girevole che rifletteva una luce azzurra accecante. Miriam si lasciò convincere controvoglia ma dovette ammettere che "Magia Interstellare" era davvero squisito.

---

[53] *Nodini*: mozzarelle lunghe e a forma di nodo.
[54] *Coni*: plurale di *cono*, la tipica cialda (biscotto) in cui viene servito il gelato.

Guardò la nonna. Sembrava tranquilla. Un'occasione d'oro...

– Nonna, volevo chiederti una cosa... – cominciò Miriam – quando Pina è caduta, chi l'ha accompagnata all'osp... – ma non finì la frase, perché... – ehi! Ma quella è Barbara! – esclamò alzandosi bruscamente in piedi! – Barbara!! BARBARAAAA!!! – chiamò e gesticolò invano.

Cercò di scavalcare le sedie che aveva intorno, ma la gelateria era affollata e la gente continuava a entrare. Un ragazzone grande e grosso con barba, basette e berretto stile Jovanotti[55] le sbarrò la strada credendo che lei gli stesse lasciando il tavolo.

Miriam provò a passare in tutti i modi. Chiese permesso, gridò, fece quasi cadere una mamma con un bambino in braccio, si fermò a chiedere scusa, e in tutto quel daffare ebbe la netta sensazione che Barbara, per una frazione di secondo, la guardasse.

Ma fu tutto inutile.

Quando finalmente riuscì a districarsi dai tavoli e dalla gente e a raggiungere il lungomare, Barbara era scomparsa.

Torre San Giovanni, mercoledì 13 agosto
Ore 9:00

Alle nove Miriam era già pronta. La nonna aveva fatto il possibile per dissuaderla dalla sua idea: *ti sarai sbagliata... cosa vuoi che faccia una come Barbara a Torre San Giovanni?...* eccetera, eccetera...

Ma Miriam cominciava davvero ad averne abbastanza. Non era andata lì a collezionare misteri.

Si avvicinò allo specchio: i suoi grandi occhi verdi risaltavano sul viso illuminato dall'abbronzatura. Essendo mora, in pochi giorni sarebbe diventata, come tutti gli anni, nerissima.

Indossava una maglietta bianca, un paio di pantaloncini a fiori, e scarpe da tennis. Prese un marsupio[56] e vi infilò dentro portafoglio, fazzoletti di carta, un'agendina tascabile e una penna.

Fu facile convincere la nonna. Dopo le prime resistenze, Miriam le

---

[55] *Jovanotti*: nome d'arte di Lorenzo Cherubini (Roma, 1966), cantautore apprezzato dai giovani. Si è affermato come autore del rap italiano.
[56] *Marsupio*: borsetta che si allaccia alla vita con una cintura.

fece credere di avere un appuntamento con un uomo, un tizio conosciuto per caso in spiaggia. A quel punto la nonna si arrese.

Dopo una notte in bianco[57], non aveva più dubbi: Barbara si nascondeva a Torre San Giovanni con il suo uomo, quel tipo indagato[58], "come si chiama?, Edoardo, no!, Leonardo, sì: Leonardo Bettoni".

Probabilmente Barbara si era confidata con Nonna Chelina e la nonna doveva aver pensato che quello fosse il posto adatto per passare inosservati. A Porto Cervo erano più i paparazzi[59] che i turisti! Davano la caccia ai VIP[60], come sempre. Se una foto rendeva bene poteva rimbalzare da una rivista all'altra per tutta l'estate.

Anche i Bettoni venivano presi spesso di mira.

Miriam ricordava delle foto della Bettoni in topless[61], con sottotitoli poco eleganti del tipo *LA CHIRURGIA PLASTICA[62] FA MIRACOLI!*

Se si fosse scoperto che Bettoni junior se ne andava in vacanza con l'investigatrice assunta dalla famiglia per scoprire il mistero delle formula scomparsa... apriti cielo![63]

Per una fuga del genere non potevano trovare niente di meglio... a Torre San Giovanni d'estate torna soprattutto la gente del posto, gente che d'inverno vive lontano, nelle città del nord, o all'estero. È strano vedere macchine con targa svizzera occupate da famigliole che parlano il pugliese[64].

Eh, già... Nonna Chelina aveva avuto una bella idea! Ma l'incidente di Pina e la sua visita, pensò Miriam, le avevano rovinato i piani.

---

57 *In bianco*: da *passare la notte in bianco*, passare la notte senza dormire.

58 *Indagato*: su cui si svolge un'indagine, sospettato.

59 *Paparazzi*: plurale di *paparazzo*, fotoreporter specializzato in servizi di cronaca mondana. Il nome deriva da Paparazzo, cognome di un personaggio che faceva questo mestiere nel film *La dolce vita* (1960) di Federico Fellini.

60 *Vip*: dall'inglese *Very Important Person*.

61 *In topless*: a seno nudo.

62 *Chirurgia plastica*: gli interventi che si fanno al corpo per migliorare l'aspetto.

63 *Apriti cielo!*: prima parte del proverbio "*Apriti cielo e spalancati terra!*" con cui si sottolinea la gravità di una cosa che potrebbe accadere.

64 *Pugliese*: dialetto delle Puglie. In passato molti italiani (soprattutto del sud) furono costretti ad emigrare in cerca di lavoro, soprattutto dopo la Seconda Guerra Mondiale, verso il nord Europa industrializzato. Dalla provincia di Lecce, molti si trasferirono in Svizzera a lavorare nell'industria del cioccolato.
Dagli anni '70 in Italia non si registra più il fenomeno dell'emigrazione bensì quello dell'immigrazione.

Miriam copiò l'ennesimo indirizzo dall'elenco di un telefono pubblico.

Aveva già controllato vari alberghi a tre o quattro stelle.

Sul *display* del telefono apparve una scritta: *Sganciare*. Miriam alzò la cornetta. La scritta cambiò: *Attendere, prego. Inserire una carta*. Miriam infilò la scheda telefonica nella fessura e quando apparve *Selezionare* fece rapidamente il numero sperando che quella fosse la volta buona.

– *Hotel "Stella Marina", buongiorno* – rispose la voce impersonale della telefonista.

– Buongiorno vorrei parlare con la signora Barbara Martini, per favore – chiese Miriam nella speranza che quella fosse la volta buona.

– *Attenda, prego.*

Un minuto o due di musichetta, poi la stessa voce.

– *Pronto? Mi dispiace ma la signora Martini non è ospite del nostro albergo.*

Un istante di smarrimento, poi il lampo di genio. "Come ho fatto a non pensarci prima?"

– ... e potrebbe passarmi allora i signori Bettoni?

– *Attenda, prego.*

Ancora la musichetta, poi il segnale del telefono: *tuuu, tuuu, tuuu.* Di nuovo la voce.

– *Pronto? Mi dispiace ma i signori Bettoni non rispondono.*

– Posso sapere in che stanza alloggiano?

– *Trenta, vuole lasciare un messaggio?*

– No grazie. Richiamo io.

A Miriam brillavano gli occhi. "E così... si fanno passare per una coppia sposata".

Tutto sommato qualche imprevisto non le dispiaceva. Anzi, serviva a movimentare quella vacanza imprevista.

Torre San Giovanni, mercoledì 13 agosto
Ore 9:30

Nonna Chelina entrò nel bar dell'albergo "Stella Marina" e cercò con lo sguardo Barbara e Leonardo. Li vide seduti a un tavolo appartato. Con loro era anche Pina, accaldata e eccitata come sempre. Li salutò con un cenno e li raggiunse.

– Ciao Chelina, come va? – la salutò Barbara.

– Buongiorno signora – disse Leonardo.

– Buongiorno figlioli, ciao Pina.

– Che prendi? Un caffè? Una brioche? – chiese Barbara chiamando con la mano la ragazza che serviva ai tavoli.

– No grazie, ho appena fatto colazione. È andato tutto come volevamo. Stanotte Miriam non ha fatto altro che passeggiare per la stanza... Io ho detto che non potevi essere tu ieri sera, ma lei ormai pensa che vi sto aiutando a nascondervi.

– Cioè, lei sa che tu sai, ma non sa che tu sai che lei sa solo in parte, giusto? – intervenne Pina che dalla concitazione[65] si rivolse a Chelina in dialetto pugliese[66].

– Esatto – rispose Nonna Chelina.

– E che ha fatto stamattina? – chiese Barbara che da buona milanese[67] non aveva capito molto del discorso di Pina.

– È uscita. Stai tranquilla che vi sta cercando. Anzi, sicuramente a quest'ora vi ha già trovato. Io ora me ne vado...

– ...E se entra e si fa viva? – chiese Leonardo con una nota di apprensione nella voce.

– No, la conosco bene. Vorrà andare fino in fondo e...

Barbara e Nonna Chelina si guardarono negli occhi prima di scoppiare in una risata fragorosa: avevano risposto in coro.

Torre San Giovanni, mercoledì 13 agosto
Ore 23:00

Il cielo era pieno di stelle quella notte.

Miriam chiamò il cameriere con un gesto della mano.

– Mi fai un altro caffè, per favore? Bello forte, mi raccomando.

Ormai era un bel po' che sedeva al tavolo di un piccolo bar sul lungomare. Guardò le sedie di plastica annerite dall'uso e i tavolini

---

[65] *Concitazione*: agitazione.
[66] Il dialetto è ancora molto usato in situazioni familiari e informali in tutte le regioni.
[67] *Milanese*: di Milano, in Lombardia.

vuoti intorno a sé: il locale non era niente di eccezionale, anzi, era piuttosto triste, come sono a volte certi bar di provincia.

Però era l'unico da cui poteva tenere d'occhio l'albergo di Barbara e Bettoni junior.

Non era stato difficile individuare la finestra della stanza numero trenta. La luce era sempre accesa. Perciò i due erano in camera.

Miriam era fatta così...

La curiosità la tormentava.

Le undici! Ormai non sarebbero più usciti.

Poteva anche pagare e lasciare quel bar insignificante dove non aveva avuto il coraggio di prendere altro che caffè.

Si alzò e si diresse verso la cassa. Aveva solamente biglietti da cinquanta e dovette aspettare che il proprietario del bar andasse a cambiare per poterle dare il resto.

Miriam si distrasse a guardare le scatole di caramelle, vecchie e impolverate. Erano confezioni regalo e ognuna, oltre alle caramelle che non piacciono mai a nessuno, conteneva un regalo. Miriam fissò quei *peluche*[68] scoloriti, quelle macchinette d'epoca, quelle bamboline dai capelli lunghi e il sorriso stampato sul volto. Quelle scatole, chissà perché, le mettevano sempre una profonda tristezza addosso.

Il proprietario del bar rientrò e le consegnò il resto con un sorriso sarcastico. Non gli capitava spesso di ritrovarsi una tizia niente male, sola soletta, seduta a un tavolo per più di tre ore.

– Ormai non viene più, eh?[69] – tentò di scherzare fra le risatine dei ragazzi che servivano ai tavoli.

Miriam non era tipo da lasciarsi intimidire. Proprio mentre stava per rispondere a tono, però, il rombo di un motore la distrasse. Una grossa macchina verde scuro passò a tutta velocità davanti al bar, creando scompiglio[70] all'interno dell'isola pedonale[71].

Uscì di corsa, in tempo per riconoscere il tipo di macchina, una Rover 418, ma troppo tardi per prendere la targa.

---

[68] *Peluche*: dal francese, pupazzi (conigli, orsacchiotti, cagnolini, ecc.) di pelo.

[69] Normalmente in Italia si va al bar per consumare qualcosa in piedi. Passare molto tempo seduti a un tavolo da soli è una cosa rara. Il proprietario del bar pensa che Miriam abbia aspettato qualcuno inutilmente.

[70] *Scompiglio*: confusione.

[71] *Isola pedonale*: parte del paese (o città) dove le automobili non possono circolare.

25

Un signore di mezza età guardando in direzione della macchina ormai lontana, si lamentava scuotendo la testa:

– Sempre così i romani... vengono qui, portano quei quattro soldi e si credono i padroni... eh... se fosse per me, io manco[72] li lascerei entrare...

Torre San Giovanni, giovedì 14 agosto
Ore 6:00

– Miriam! Miriam! Svegliati, ti prego...

Nonna Chelina spalancò la finestra e la luce fioca delle prime ore del giorno entrò a rischiarare la stanza.

Miriam non dava nessun segno di aver sentito.

– Miriam! MIRIAM! – per una volta era la nonna a dover gridare – Miriam, ho bisogno di te...

– ???!!! – Miriam aprì gli occhi con fatica – Ma cosa c'è? È l'alba!

– Vieni. Giù c'è Pina che ci aspetta...

– Pina???

– Poi ti spiego – disse la nonna porgendole l'accappatoio – ora fai una doccia e scendi.

Dieci minuti dopo Miriam era in cucina con una tazza di caffè e latte in mano. Ancora intontita dal sonno, cercava di venire a capo di quella storia assurda che Pina, con le gambe tutte intere e in perfetta salute, e Nonna Chelina cercavano di raccontarle.

– Il fatto è che noi credevamo che tu avresti risolto il caso prima che succedesse... – diceva Pina.

"Prima che succedesse *cosa*?"

– Certo, pensavamo che tu avresti visto tutto e così per Leonardo ci sarebbe stato un testimone oculare[73] al momento del guaio[74]... – tentava di chiarire la nonna senza successo.

"Guaio?!"

– Perché, vedi, Barbara non è più un testimone attendibile e...

– BASTA, VI PREGO... – supplicò Miriam, battendo una mano sul

---

[72] *Manco*: (molto colloquiale) neanche, nemmeno, neppure.
[73] *Testimone oculare*: persona che ha visto qualcosa.
[74] *Guaio*: problema grave, disgrazia.

tavolo – Sedetevi e ricominciamo da capo. Pina, comincia tu, perché non hai la gamba ingessata?

– Ma perché non sono mai caduta! Ci siamo inventate tutto per farti venire di corsa prima che partissi per la Grecia. Chelina ha ricevuto una lettera di Barbara: era disperata. Diceva di essersi innamorata di Leonardo Bettoni e diceva anche che tu non avevi nessuna intenzione di darle una mano a risolvere il caso.

– Oh no... – Miriam cominciava a capire.

– Vedi, – proseguì la nonna – tu avresti potuto... però avresti dovuto rinunciare alle ferie..., non si poteva rimandare tutto a settembre. Loro però non potevano aspettare... E ora dobbiamo uscire di corsa. Dobbiamo andare alla caserma dei carabinieri[75] di Ugento. Li hanno arrestati...

– ...arrestati....

– Sì... hanno trovato una copia delle formula rubata in mezzo a un libro di storia romana di Leonardo Bettoni.

Miriam si portò una mano sugli occhi.

"Al diavolo la Grecia" pensò.

In macchina ripresero il discorso. Il sole era ancora basso e la strada provinciale per Ugento era deserta.

Barbara e Leonardo – cominciò Pina – sono convinti che a rubare la formula sia stato il commercialista ma non hanno le prove...

– Chi? – chiese Miriam.

– Il commercialista della "Farmer"... – intervenne Nonna Chelina.

– Eh no! Aspettate un momento, il commercialista della "Farmer" non ha accesso all'a-erre-erre...

– ... l'*Archivio delle Ricerche Riservate*?

– Hm-Hm... Solo Gianni e Eleonora Bettoni possono consultarlo, oltre al nipote, naturalmente... – Miriam pronunciò *nipote* in un modo che non lasciava dubbi circa la sua opinione personale.

– Non è come pensi tu, Leo non è ben visto in famiglia...

– Leo?! – "andiamo bene" fu il pensiero di Miriam.

– ... proprio perché è diverso dagli zii.

– A proposito, dove sono i suoi genitori?

---

[75] *Carabinieri*: corpo dell'esercito con funzioni di difesa dell'ordine pubblico simili a quelle della polizia.

– Non ha genitori. È figlio di una sorella di lui...

– Una sorella?

– Sì. Ebbe Leonardo da un uomo sposato, uno scultore, pare. Non ha mai riconosciuto il figlio. Lei era la pecora nera della famiglia, un tipo eccentrico, insomma. Faceva la pittrice. Lasciò tutto in mano al fratello e tenne per sé solamente un terreno in Toscana, costruì una casa e fondò un'associazione per giovani artisti. Divenne un punto di ritrovo nell'ambiente. È morta una decina di anni fa.

– Okay, ma che c'entra con tutto il resto?

– Leonardo ha passato i suoi primi anni di vita nella villa toscana della madre, è cresciuto in campagna, a contatto con pittori, scrittori, musicisti. Non si sente portato per gli affari. Vorrebbe scrivere, ma gli zii non vogliono sentire ragioni. Lo obbligano a seguire dei corsi di economia, mentre lui vorrebbe studiare lettere antiche...

– E cosa succede se fa di testa sua[76]? È maggiorenne, no?

– La madre ingenuamente rinunciò all'eredità. Lui non ha nulla di suo...

– Vuoi dire che se se ne va, non avrà una lira??? – chiese Miriam rallentando bruscamente.

– Già...

– Perfetto: ora abbiamo anche il movente[77] per il furto! – fu la conclusione di Miriam.

Nonna Chelina si girò a cercare gli occhi di Pina: a quello proprio non avevano pensato.

Erano appena le sette del mattino quando entrarono nella caserma dei carabinieri di Ugento.

Un brigadiere, alto, paffuto e dall'aria bonacciona, guardava quello strano trio senza sapere bene cosa fare.

– Non so se posso *introdurvi al cospetto degli imputati, sono in stato di fermo*[78]. È di responsabilità del tenente...

Miriam e Nonna Chelina lo supplicarono senza successo.

---

[76] *Fa di testa sua*: decide da solo, non ubbidisce.

[77] *Movente*: il motivo di un gesto illegale (furto, omicidio, ecc.).

[78] *Introdurvi al cospetto degli imputati in stato di fermo*: farvi incontrare le persone arrestate. L'italiano burocratico scritto è complicato e molto diverso dalla lingua orale. Il brigadiere assume questo stile anche nel parlato.

– *Gradisca introdurci seduta stante*[79] *alla loro presenza!* – intervenne Pina.

Miriam e Nonna Chelina sorrisero: Pina doveva aver pensato che per convincere il brigadiere fosse necessario usare lo stesso gergo burocratico dei carabinieri.

Purtroppo, però, anche quel tentativo fu inutile.

Il brigadiere fu irremovibile: il tenente era fuori e lui non poteva prendersi una tale responsabilità. Dovevano tornare più tardi.

"Più tardi" pensò Miriam "potrebbe anche essere *troppo* tardi".

Salutò e trascinò via la nonna e Pina.

Doveva riprendere in mano la situazione e lasciare che la testa, accompagnata da una buona dose di intuito, le ricominciasse a funzionare perbenino.

Tornarono a casa. Si prepararono un buon caffè, mangiarono un po' di pane e marmellata, di quella che preparava Pina con i fichi dell'orto, poi si misero al lavoro.

Nonna Chelina spiegò a Miriam tutta la storia dal principio.

– Probabilmente il commercialista, un certo Armando Righi, è diventato l'amante della Bettoni e l'ha usata per arrivare all'a-erre-erre.

– Ma nonna, come mai questa cosa non viene fuori? La Bettoni potrebbe parlare...

– Ma se dicesse di avere un amante il marito la lascerebbe e lei non prenderebbe una lira di alimenti[80].

– Come-come-come??? – la faccenda si faceva interessante.

– Non lo sai? – intervenne Pina.

– Cosa? – Miriam cadeva davvero dalle nuvole.

– Vent'anni fa – proseguì la nonna – Gianni Bettoni si innamorò follemente della sua segretaria, una certa Eleonora Natalini...

– ... futura Eleonora Bettoni!

– Appunto. Ma il vecchio Bettoni, il padre di Gianni, all'epoca potentissimo, fece il diavolo a quattro[81] finché non ottenne che venisse firmato un accordo secondo il quale, in caso di divorzio, lei non avrebbe potuto pretendere assolutamente nulla del patrimonio di famiglia.

---

[79] *Seduta stante*: immediatamente.
[80] *Alimenti*: soldi che il marito è tenuto a dare in caso di separazione o divorzio.
[81] *Fece il diavolo a quattro*: protestò con tutte le sue forze.

– Se si sapesse che ha un amante, il marito potrebbe chiedere il divorzio e lei...

– ...si ritroverebbe in mezzo alla strada.

– Ho capito! – Miriam ormai aveva abbastanza elementi per tirare le fila della storia – Righi la ricatta[82]!

– È quello che pensa anche Barbara... Perciò gli abbiamo teso una trappola: Leonardo ha detto che partiva per Parigi ma ha lasciato bene in vista il fax con cui ha prenotato l'albergo qui, a Torre San Giovanni. La Bettoni sicuramente l'ha trovato e noi speravamo che passasse l'informazione a Righi in cambio del suo silenzio e che lui raggiungesse Leonardo e Barbara qui a Torre San Giovanni e si tradisse cercando di nascondere la formula nella loro camera.

– E l'ha fatto.

– Sì. Se è lui, l'ha fatto. Ma...

– ...ma l'ha fatto mentre io non guardavo, giusto?

Era la domanda a cui Nonna Chelina temeva di dover rispondere prima o poi.

– Speravano, anzi *speravamo*, perché in realtà...

– ...in realtà l'idea è stata tua, lo so! – la tranquillizzò Miriam, che aveva capito che dietro a quella storia non poteva che esserci lo zampino della nonna.

– Ecco, speravamo che tu li spiassi e cogliessi sul fatto Righi o un suo complice e che ci aiutassi a risolvere il caso.

– E invece, a quanto pare devo essermi distratta perché qualcuno è entrato in camera loro e ha nascosto la formula in un libro di Leonardo... – fu la triste conclusione di Miriam.

Torre San Giovanni, giovedì 14 agosto
Ore 12:00

Miriam ritornò dai carabinieri a mezzogiorno. Trovò un sergente giovane giovane, dall'aria spaventata, che appena la vide la riconobbe ("Oddio, questa è quella *detective*[83] che si vede alla televisione") e arrossì vistosamente.

---

[82] *La ricatta*: da *ricattare*, chiedere denaro in cambio di qualcosa.

[83] *Detective*: spesso in italiano si tende a usare un termine straniero anche quando si potrebbe usare una parola italiana. Così ad alcune persone *detective* può sembrare più elegante di *investigatrice*.

– Si-si acc-accomodi – balbettò indicandole una poltroncina scolorita – va-va-vado a chiamare qualcuno.

Miriam preferì non sedersi e gironzolò un po' per la sala. Raddrizzò un quadro raffigurante una casetta tra i boschi, poi si avvicinò alla finestra. Spostò la tenda polverosa che impediva all'aria di circolare e si mise a guardare fuori. Si distrasse dietro ai suoi pensieri.

– Buongiorno, posso fare qualcosa per lei? – una voce calda e senza accento pugliese la fece trasalire. Si girò di scatto. Si aspettava il brigadiere, alto, paffuto, e dall'aria bonacciona e invece si trovò davanti un ufficiale alto, sulla quarantina, dall'aspetto sicuro e professionale – Sono il tenente Pace...

– Piacere, sono Miriam Blasi, della *Miba Investigazioni* – rispose Miriam stringendogli la mano.

Il tenente fu gentilissimo, ma irremovibile e non permise a Miriam di vedere né Barbara né Leonardo.

– La signorina Martini per ora non ha nessuna denuncia a suo carico. È in stato di fermo[84] per un controllo, ma in giornata verrà rilasciata, e potrà parlare con lei. Per Bettoni, invece, bisognerà aspettare l'interrogatorio del gip[85], poi anche lui probabilmente verrà rilasciato. Non esiste il pericolo di inquinamento delle prove[86]. I nostri uomini hanno trovato quello che cercavano.

– E come sono arrivati a loro?

– Ci hanno avvertito i colleghi di Roma. Gli zii di Bettoni hanno sporto denuncia dopo la fuga del nipote... Hanno trovato un fax con la prenotazione dell'albergo e l'hanno segnalato al 112[87].

"E così il piano di Nonna Chelina ha facilitato le cose ai due amanti" pensò Miriam.

Torre San Giovanni, giovedì 14 agosto
Ore 18:00

Alle sei del pomeriggio Barbara fu rilasciata. Uscì fuori, si guardò intorno e si mise a correre in direzione della macchina di Miriam.

---

[84] *È in stato di fermo*: viene trattenuta.
[85] *Gip*: Giudice delle Indagini Preliminari. È il primo ad interrogare una persona arrestata.
[86] *Inquinamento delle prove*: distruzione totale o parziale delle prove.
[87] *112*: il numero per chiamare i Carabinieri con urgenza. Il 113 invece è il numero della Polizia.

Si abbracciarono non senza qualche lacrimuccia di Nonna Chelina e Pina...

– Che casino[88] ho combinato! Mi dispiace... – disse Barbara salendo in macchina.

– Dài, non fare quella faccia, ormai è andata così. Ti farò pagare la parcella[89].

– Ah sì? – Barbara non aveva molta voglia di scherzare.

– Sì. Un mese di ferie in pieno inverno e l'agenzia tutta in mano a te. Ci stai?

– Va bene. Mi sembra il minimo.

– Beh, almeno sono riuscita a farti sorridere. Ora andiamo a casa. Ti devo fare qualche domanda.

A casa Barbara fece una lunga doccia e mangiò qualcosa. Nonna Chelina le consigliò di dormire un po' ma lei proprio non ne volle sentire parlare.

– Il guaio è che Leo non può neanche contare sull'avvocato di famiglia... lo zio è convinto che sia stato lui e la zia...

– La zia probabilmente è ricattata da Righi, il commercialista, giusto?

– Leonardo li ha visti insieme varie volte. Era talmente sicura che non avrebbe parlato, dato i cattivi rapporti con lo zio, che non prendeva nessuna precauzione.

– È vero che se divorzia non avrà nulla?

– Hm-Hm – annuì energicamente Barbara.

– Secondo te la formula che i carabinieri hanno trovato nel libro di Leonardo, è stata messa lì recentemente?

– Ma certo! – scattò Barbara – Leo non sa nemmeno cosa sia una formula...

– E quando sarebbe successo?

– Mah... l'altra sera, ad esempio... mercoledì sera siamo usciti.

– Siete usciti??? – Miriam non riuscì a nascondere la sorpresa – ma la luce della vostra camera era accesa!

– Ma allora è vero che ci spiavi, aveva ragione Nonna Chelina...

– Eh già... ma a quanto pare non è servito a molto... o forse sì... – Miriam ripensò alla grossa Rover verde che aveva visto uscire dal parcheggio del loro albergo – ascolta, tu sai che macchina ha Righi?

---

[88] *Che casino*: (molto colloquiale), che pasticcio, che disastro, che confusione.
[89] *Parcella*: il guadagno di un libero professionista.

– Non me lo ricordo, ma sicuramente l'ho scritto quando lavoravo al caso. I carabinieri hanno sequestrato tutti i miei appunti. Dovrei andare a vedere se mi restituiscono l'agenda...

– No. Ci vado io. Tu resta qui con Nonna Chelina. Pina viene con me, così al ritorno compriamo delle pizze per cena.

– Ma...

– Niente *ma*, per favore. Ora tocca a me.

Barbara non insistette.

Conosceva quella luce negli occhi dell'amica.

Torre San Giovanni, giovedì 14 agosto
Ore 20:00

Miriam salì alla guida della sua macchina e Pina sedette accanto a lei.

Ci misero più del previsto ad arrivare ad Ugento. Era l'ora del rientro dalla spiaggia: la gente tornava accaldata e insabbiata e si innervosiva più del solito nel traffico.

"Mamma mia..." pensò Miriam. A lei piaceva andare al mare al tramonto, tuffarsi nell'acqua tiepida quando calava il vento.

– Cos'è quell'affare[90]? – chiese Pina indicando una scatoletta nera sul cruscotto[91].

– È il comando del *Telepass*. Serve al casello dell'autostr...

– Attenta! Devi girare qui, ti ricordi? – Pina fu costretta a interromperla perché Miriam rischiava di sbagliare strada.

Miriam rallentò bruscamente e riuscì a girare in tempo.

– Grazie, scusa. A questo incrocio sbaglio sempre.

Dopo pochi minuti erano di nuovo a Ugento.

Il tenente Pace fu gentile come al mattino. Miriam gli chiese il permesso di copiare il numero di telefono dell'avvocato dall'agenda di Barbara.

Pace fu scaltro[92] e le porse l'agenda aperta sulla rubrica.

Fu sufficiente uno sguardo di Miriam per far entrare in azione Pina:

---

[90] *Affare*: oggetto di cui non si sa il nome.
[91] *Cruscotto*: la parte anteriore interna di una macchina (dov'è il volante).
[92] *Scaltro*: furbo, astuto.

– Pace... Pace... per caso, è parente di Pace il consigliere comunale?

– Mah... io non sono di qui. Ma i miei nonni erano di Lecce, magari è un lontano cugino... – rispose il tenente con un sorrisino. Non era la prima volta che la gente del posto gli faceva domande così personali.

– Eh! – esclamò Pina mettendosi in modo da permettere a Miriam di dare un'occhiata agli appunti di Barbara – però una certa somiglianza c'è...

Il tenente, infastidito da quella grossa signora che lo scrutava a pochi centimetri di distanza, fece un passo indietro.

– Non credo...

– Okay, possiamo andare – disse Miriam sventolando un foglietto col numero dell'avvocato.

Per Pina quell'*okay* fu il segnale che avevano trovato quello che cercavano.

– Arrivederci e scusi ancora, eh?

– Arrivederci – fu il gelido saluto di Pace.

Appena fuori Miriam e Pina si precipitarono in macchina.

– Di' un po', ma hai visto che occhi che ha, quel tenentino?

– Pina! Lascia stare il tenente, ascolta! Ho scoperto una cosa! Vedi, l'altra sera, davanti all'albergo di Barbara e Leonardo non è vero che io non ho visto niente..

– Come?!

– Sì, non ho visto nessuno... però...

– Però cosa?!

– Però ho visto qualcosa... una macchina, grossa, verde... di quelle grandi... una Rover quattro uno otto, credo... È uscita dal parcheggio. Barbara ha detto di essere uscita con Leonardo, però la luce della camera era accesa... e la macchina era targata Roma... Io pensavo che fosse di Righi e invece Righi ha una Volvo bianca...

– Perciò siamo al punto di partenza! – esclamò Pina delusa.

– Non proprio. Una Rover quattrocentodiciotto, verde scuro, targata Roma, c'era negli appunti di Barbara...

– Ah! E di chi è?

– Reggiti forte. È di Gianni Bettoni.

Pina, dalla sorpresa, si portò le mani davanti alla bocca.

Il viaggio di ritorno fu breve e silenzioso.

Era davvero tutto molto strano.

Miriam riassumeva mentalmente i fatti: uno dei Bettoni aveva rubato la formula dell'analgesico per il mal di testa. Valore commerciale: qualche miliardo di lire.

A compiere il furto poteva essere stato Leonardo Bettoni, il nipote, per avere un'indipendenza economica e dedicarsi ai suoi studi.

Ma poteva anche essere stata Eleonora Bettoni, ricattata dall'amante, il commercialista Armando Righi.

C'era anche la possibilità che la Bettoni fosse complice, e non vittima, di Righi. In questo caso la vendita della formula le avrebbe permesso di divorziare senza cambiare il suo ricco tenore di vita.

L'unica traccia che Miriam possedeva era quella Rover 418 che aveva visto davanti all'albergo di Barbara e Leonardo. E veniva fuori che l'unico della famiglia a possedere una macchina come quella era Bettoni, il proprietario della "Farmer". Per quale oscuro motivo avrebbe compiuto un furto a se stesso?

– Non riusciremo mai a convincere i carabinieri... – disse Miriam a voce bassa.

– Eh già... – annuì Pina. Quel silenzio prolungato la imbarazzava.

– Non mi hai più detto a cosa serve questo affare qui, il *Telepass*, o come si chiama...

– Ah sì, scusa. Serve al casello dell'autostrada. Con questo passi direttamente, senza perdere tempo a pagare...

– ...vuoi dire che tu non paghi l'autostrada?!

Miriam sorrise dell'ingenuità di Pina.

– Ma no, poi la Società Autostrade manda il conto direttamente in banca. E infatti quando mi arriva il conto io controllo dove sono stata, che giorno e a che ora... e... OH MIO DIO! Pina, sei un genio!!! – esclamò un istante prima di fare una pericolosa inversione di marcia e riprendere la strada per Ugento.

Torre San Giovanni, venerdì 15 agosto
Ore 13:00

"Il pranzo di ferragosto è sempre un evento in famiglia" pensava Barbara davanti a un piatto di *sagne*[93] fumanti. Si sentiva davvero a casa, con Nonna Chelina, Pina, Leo e Miriam.

---

[93] *Sagne*: pasta tipica pugliese simile alle orecchiette ma di forma allungata.

Leo, il suo grande amore...

E Miriam... che li aveva tirati fuori da quel pasticcio.

– Non sappiamo più come ringraziarti... – disse rivolgendosi all'amica e socia.

– Uhhh, basta, dài... Te l'ho già detto: ormai è andata così.

– Ma come ti è venuta in mente la faccenda del *Telepass?* – chiese Leonardo versandole del vino rosso.

– Non sono stata io. È stata Pina a farmici pensare.

– Vedi, – intervenne Pina – io non sapevo a cosa servisse e ho chiesto a Miriam...

– ...Sì, mi ha fatto pensare alla faccenda degli spostamenti. Ogni volta che usi il *Telepass*, la Società Autostrade registra il passaggio... perciò...

– ...sei andata a parlare con il tenente... come si chiama? – chiese Barbara.

– Pace. Gino Pace. – rispose Miriam arrossendo leggermente – non avevo scelta: la Società Autostrade non può dare informazioni a un cittadino qualunque. Ho parlato con Gino... cioè con Pace e gli ho raccontato della Rover verde e di Bettoni. Gli è bastata una telefonata per scoprire che effettivamente la macchina di Gianni Bettoni ha viaggiato sulla Roma-Napoli e sulla Caserta-Bari mercoledì 13 ed è tornata verso Roma nella notte tra mercoledì e giovedì.

– Ma a guidarla poteva essere stato qualcun altro – commentò Nonna Chelina.

– Sì – spiegò Miriam – però Bettoni si sentiva talmente sicuro che non ha esitato a pagare con la carta di credito sia al ristorante dove ha cenato, al ritorno, verso mezzanotte, sia per fare il pieno di benzina. Quando i carabinieri di Roma gli hanno messo davanti le prove, ha dovuto confessare...

– Ma perché caspita[94] avrà fatto una cosa del genere?

– Ha un'amante anche lui. Sapeva che la moglie non avrebbe mai chiesto il divorzio e ha tentato di disfarsi di lei facendola accusare del furto. Contava sul fatto che Leonardo si sarebbe difeso. Quando Gianni Bettoni volle sposare Eleonora Natalini il vecchio fece mettere la clausola secondo la quale la futura signora Bettoni non avrebbe potuto pretendere nulla del patrimonio del marito in caso di divorzio ma...

---

[94] *Caspita*: (esclamazione) esprime meraviglia, disapprovazione, ecc.

– ...ma??? – Leonardo non stava più nella pelle dalla curiosità.

– ...ma non fece scrivere *in caso di divorzio*, bensì *nel caso la signora dovesse chiedere il divorzio*...

– Vuoi dire...

– Hm-Hm – annuì Miriam a Barbara che da brava investigatrice aveva colto nel segno – se a chiedere il divorzio è il marito, lei può fargli sborsare un sacco di soldi!

– È incredibile... – Leonardo era rapito dall'abilità di Miriam.

– L'unica cosa che mi dispiace è che hai dovuto rinunciare alla Grecia per colpa nostra...

– Oh, ma io *non ho* rinunciato alla Grecia – rispose Miriam marcando particolarmente il *non* – parto tra pochi minuti per Brindisi[95], poi prenderò il primo traghetto[96] in partenza.

– Tra pochi minuti??? – esclamò Nonna Chelina allarmata – Ma se non hai prenotato...

– Oh, beh, se non troviamo posto andremo da qualche altra parte...

– *Troviamo? Andremo?* Ma... – la nonna non poté finire la frase perché qualcuno suonò il campanello.

Miriam si alzò e aprì la porta.

– Buonasera – disse una voce maschile senza accento pugliese.

– Glielo avevo detto io che aveva dei begli occhi! – sussurrò Pina all'orecchio di Barbara.

---

[95] *Brindisi*: sulla costa pugliese, uno dei maggiori porti del basso Adriatico e punto di partenza per la Grecia.

[96] *Traghetto*: imbarcazione (nave) che trasporta persone, macchine e treni.

ATTIVITÀ

Roma, venerdì 8 agosto
Ore 20:00

1. Cosa fa Miriam mentre aspetta Barbara?

2. Chi è Barbara?

3. A quale caso stanno lavorando?

4. Cosa è successo a Barbara?

5. Rimetti in ordine il dialogo.

a. – Oh, beh... Niente... Poi mi passa. Ho perso le chiavi di casa. Questi me li ha prestati mio fratello.

b. – Sì. Sono io, ma preferirei essere un'altra...

c. – Non lo so. Lasciami in pace... Non ci sto molto con la testa. E poi a te che te ne importa?

d. – Barbara, sei tu?

e. – Hai perso le chiavi? Ma come hai fatto?

f. – Ehi! Ma cos'è quell'aria depressa? E che diamine ti sei messa addosso? Ma cos'hai?

Roma, sabato 9 agosto
Ore 20:00

1. Metti in ordine cronologico la giornata di Miriam e coniuga gli infiniti dei verbi al passato remoto dell'indicativo come nell'esempio a.

Quel giorno Miriam...
a. svegliarsi tardi → si svegliò tardi
b. salutare Laura

c. entrare in un'agenzia di viaggi

d. affacciarsi

e. preoccuparsi per Barbara

f. prenotare una vacanza

g. scusarsi

h. aprire la finestra

i. uscire

l. parcheggiare

m. ricordare i vecchi tempi

n. fare la doccia

Roma, sabato 9 agosto
Ore 18:00

1. Completa il testo con gli articoli e le preposizioni mancanti.

_____ sei _____ pomeriggio Miriam saltava _____ valigia cercando _____ chiuderla. Era _____ sistema primitivo ma _____ genere funzionava. Non era stato facile, ma _____ fine Laura era riuscita a trovarle _____ posto _____ _____ aereo _____ la Grecia.

Perciò Miriam aveva preso _____ valigia e ci aveva infilato _____ costume intero, _____ due pezzi, _____ telo _____ mare, tre vestiti, quattro paia _____ pantaloncini corti, _____ paio _____ jeans e _____ felpa blu ("dovesse piovere"), _____ decina di magliette _____ tutti _____ colori, _____ paio _____ sandali, uno _____ scarpe _____ tennis bianche ("così le metto _____ tutto"), _____ mucchio _____ libri ("questo è _____ secolo che lo voglio leggere"), biancheria intima, spazzolino _____ denti, crema solare _____ protezione quattro ("è pure troppo"), walkman, qualche cassetta, _____ penna ("non si sa mai"), macchina fotografica automatica ("_____ immortalare _____ incontri") e...
...stop!

2. Perché Miriam deve rinunciare alla vacanza in Grecia? Segna la risposta giusta.

a. Perché non trova posto sull'aereo.

b. Perché riceve una telefonata che le fa cambiare idea.

c. Perché ha un problema di lavoro.

Roma, sabato 9 agosto
Ore 21:00

1. Fai una lista delle parole che si riferiscono all'automobile e alla guida in generale.

Torre San Giovanni, sabato 9 agosto
Ore 20:30

1. Nonna Chelina rimprovera Barbara. Perché?

2. Descrivi Leonardo sia fisicamente sia caratterialmente.

3. In questa parte della giornata scopriamo qualcosa di strano rispetto a Pina. Cosa?

4. Ricordi come avvengono le presentazioni tra Nonna Chelina e Leonardo? Riscrivi il dialogo.

Torre San Giovanni, domenica 10 agosto
Ore 12:00

1. Fai una lista delle parole che si riferiscono alle località della Puglia, ai piatti tipici pugliesi, ai luoghi più turistici.

località della regione Puglia   piatti tipici   luoghi più turistici

Torre San Giovanni, domenica 10 agosto
Ore 11:00

1. Miriam e Chelina si danno del tu o del Lei? E Leonardo e Chelina?
2. Trova nel testo un sinonimo di *dire una bugia*.
3. In questa parte della giornata si parla di un fax. A cosa ti fa pensare la conversazione tra Chelina e Leonardo?

Torre San Giovanni, domenica 10 agosto
Ore 14:00

1. Rimetti in ordine le frasi.

a. un / Era / a tavola / pranzo. / Miriam / di / secolo / all' / che / ora / non sedeva /

b. cominciava / Grecia / se / della / per / già / a / star / poteva / Miriam / minuti / meglio, / star / dirsi / riuscire / a / dieci / rimuovere / il / pensiero / almeno / consecutivi. / meglio /

c. con / era / del tutto... / la / cucina / difficile / di / Nonna Chelina, / magari / sarebbe / che / non / stato / Vero / dimenticarla /

Torre San Giovanni, lunedì 11 agosto
Ore 10:00

1.Fai una lista delle parole che si riferiscono a cibi e bevande e quelle relative al mare.

cibi e bevande   **parole relative al mare**

Torre San Giovanni, lunedì 11 agosto
Ore 10:15

1. Descrivi l'albergo in cui alloggiano Barbara e Leonardo.

41

Torre San Giovanni, lunedì 11 agosto
Ore 10:30

1. Associa correttamente le frasi del primo gruppo a quelle del secondo.

a. Miriam detestava i ficcanasi,...

b. La nonna sembrava tornata indietro nel tempo:...

c. Finalmente in spiaggia, dopo tutto un inverno passato a correre a destra e a sinistra,...

d. Miriam lo guardò di soppiatto:...

A. ...Miriam non riusciva a spiegarsi il comportamento di Nonna Chelina e la fissava con aria interrogativa.

B. ...aveva indossato un costume a fiori, si era spalmata perbene di crema solare e, a quanto diceva, aveva intenzione di fare il bagno!

C. ...calvo, pancetta sporgente sopra un largo pantaloncino, ciabatte nere perfettamente allineate accanto alla seggiolina di legno.

D. ...ma in quell'occasione davvero non poté biasimare nessuno: non capitava tutti i giorni di assistere al bagno di una vecchietta con pinne, maschera e boccaglio.

Torre San Giovanni, martedì 12 agosto
Ore 8:00

1. Miriam si sveglia di colpo. Perché? Cos'è che la preoccupa? Completa le frasi usando il futuro.

a. Chi _____ (avere) portato Pina in ospedale?

b. Perché Nonna Chelina non _____ (avere) raccontato nulla dell'incidente accaduto a Pina?

b. Dove _____ (essere) finiti i vestiti di Pina?

2. Vero o falso? Completa.

	Vero	Falso
a. Nonna Chelina si inventa la scusa del portafoglio	❑	❑
b. Nonna Chelina inventa la scusa per andare a fare una passeggiata	❑	❑
c. Nonna Chelina inventa la scusa per andare a fare una telefonata	❑	❑
d. Miriam per pranzo si prepara una minestra di verdure	❑	❑
e. Nonna Chelina inventa la scusa perché vede Miriam pensierosa	❑	❑
f. Nonna Chelina dice a Barbara di non farsi vedere in giro	❑	❑
g. Nonna Chelina dice a Barbara di farsi vedere da Miriam	❑	❑
h. In gelateria Miriam incontra Jovanotti	❑	❑
i. Miriam insegue Barbara e la raggiunge	❑	❑
j. Miriam insegue Barbara ma non la raggiunge	❑	❑

Torre San Giovanni, mercoledì 13 agosto
Ore 9:00

1. Rispondi alle domande.

a. Perché Nonna Chelina cerca di convincere Miriam che non può aver visto Barbara a Torre San Giovanni?

b. Perché secondo Miriam Barbara e Leonardo non sono andati in Sardegna?

c. A chi telefona Miriam? Perché?

2. Rimetti in ordine il dialogo.

a. – Trenta, vuole lasciare un messaggio?

b. –Attenda, prego... Pronto? Mi dispiace ma la signora Martini non è ospite del nostro albergo.

c. – Hotel "Stella Marina", buongiorno.

d. – No grazie. Richiamo io.

e. – ... e potrebbe passarmi allora i signori Bettoni?

f. – Attenda, prego... Pronto? Mi dispiace ma i signori Bettoni non rispondono.

g. – Posso sapere in che stanza alloggiano?

h. – Buongiorno vorrei parlare con la signora Barbara Martini, per favore.

Torre San Giovanni, mercoledì 13 agosto
Ore 9:30

1. Cerca nel testo dei sinonimi delle seguenti espressioni.

a. nascosto, isolato

b. agitazione

c. giusto

Torre San Giovanni, mercoledì 13 agosto
Ore 23:00

1. Segna solo le cose veramente accadute in questa parte della giornata.

a. Miriam aveva cenato abbondantemente.

b. Il cielo era pieno di stelle quella notte.

c. Miriam chiamò un amico con un gesto della mano.

44

d. Miriam guardò le sedie di plastica annerite dall'uso e i tavolini vuoti intorno a sé.

e. Miriam aveva scelto tra moltissimi bar dai quali poteva vedere la stanza numero trenta.

f. Era stato difficile individuare la finestra della stanza numero trenta.

g. Miriam pagò la consumazione.

h. Miriam dovette andare a cambiare dei soldi.

i. Miriam si distrasse a guardare le scatole di caramelle.

j. Miriam prese in giro il proprietario del bar.

k. Miriam vide una grossa moto verde davanti al bar.

l. Una grossa macchina verde scuro passò a tutta velocità davanti al bar, creando scompiglio all'interno dell'isola pedonale.

m. Miriam uscì di corsa, in tempo per riconoscere il tipo di macchina, una Rover 418.

n. Miriam prese la targa della Rover.

Torre San Giovanni, giovedì 14 agosto
Ore 6:00

1. Vediamo se hai capito. Completa con i nomi dei personaggi.

_____ ha consigliato a _____ di nascondersi a Torre San Giovanni e di lasciare il fax con la prenotazione dell'albergo bene in vista a casa _____, per attirare lì il vero colpevole. Loro sospettano di _____, commercialista della Farmer e amante di _____. Sperano che il commercialista vada a nascondere una prova falsa tra le cose di _____ per farlo credere colpevole. _____ ha inventato la scusa dell'incidente a _____ per attirare _____ a Torre San Giovanni. Tutti sperano che _____, incuriosita dalla presenza di _____, scopra il vero colpevole.

Torre San Giovanni, giovedì 14 agosto
Ore 12:00

1. Cosa si aspettava Miriam nella caserma di carabinieri? Perché è sorpresa?
2. Perché il tenente Pace non le lascia vedere Barbara e Leonardo?

Torre San Giovanni, giovedì 14 agosto
Ore 18:00

1. Rimetti in ordine i fatti.

a. Nonna Chelina e Pina si commossero.
b. Miriam decise di tornare dai carabinieri a prendere l'agenda di Barbara.
c. Miriam e Barbara andarono a casa.
d. Barbara fu rilasciata.
e. Miriam e Barbara si abbracciarono.
f. Miriam fece delle domande a Barbara.
g. A casa Barbara fece una lunga doccia e mangiò qualcosa.

Torre San Giovanni, giovedì 14 agosto
Ore 20:00

1. Miriam ha bisogno dell'aiuto di Pina. Perché?
2. Rispetto alla Rover, c'è un colpo di scena. Qual è?
3. Completa il testo.

Miriam _____ mentalmente i fatti: uno dei Bettoni aveva _____ la formula dell'analgesico per il mal di testa. Valore commerciale: qualche miliardo di lire.

A _____ il furto poteva essere _____ Leonardo Bettoni, il nipote, per _____ un'indipendenza economica e dedicarsi ai suoi studi.

Ma poteva anche essere stata Eleonora Bettoni, _____ dall'amante, il commercialista Armando Righi.

_____ anche la possibilità che la Bettoni _____ complice, e non vittima, di Righi. In questo caso la vendita della formula le _____ permesso di divorziare senza cambiare il suo ricco tenore di vita.

L'unica traccia che Miriam _____ era quella Rover 418 che aveva visto davanti all'albergo di Barbara e Leonardo. E veniva fuori che l'unico della famiglia a _____ una macchina come quella era Bettoni, il proprietario della "Farmer". Per quale oscuro motivo avrebbe _____ un furto a se stesso?

Torre San Giovanni, venerdì 15 agosto
Ore 13:00

1. Grazie al Telepass Miriam scopre la verità. Qual è?
2. È nato un amore? Tra chi?

CHIAVI

Roma, venerdì 8 agosto. Ore 20:00

1. Ripensa al caso al quale stanno lavorando. **2.** La socia di Miriam, investigatrice privata. **3.** Al caso Bettoni, un caso di spionaggio industriale. **4.** Ha perso le chiavi di casa. **5.** d-b-f-a-e-c

Roma, sabato 9 agosto. Ore 12:00

1. Quel giorno Miriam...

a) si svegliò tardi
b) aprì la finestra
c) si affacciò
d) ricordò i vecchi tempi
e) fece la doccia
f) uscì
g) parcheggiò
h) entrò in un'agenzia di viaggi
i) salutò Laura
j) si scusò
k) si preoccupò per Barbara
l) prenotò una vacanza

Roma, sabato 9 agosto. Ore 18:00

1. Alle sei del pomeriggio Miriam saltava sulla valigia cercando di chiuderla. Era un sistema primitivo ma in genere funzionava. Non era stato facile, ma alla fine Laura era riuscita a trovarle un posto su un aereo per la Grecia. Perciò Miriam aveva preso una valigia e ci aveva infilato un costume intero, un due pezzi, un telo da mare, tre vestiti, quattro paia di pantaloncini corti, un paio di jeans e una felpa blu ("dovesse piovere"), una decina di magliette di tutti i colori, un paio di sandali, uno di scarpe da tennis bianche ("così le metto su tutto"), un mucchio di libri ("questo è un secolo che lo voglio leggere"), biancheria intima, spazzolino da denti, crema solare a protezione quattro ("è pure troppo"), walkman, qualche cassetta, una penna ("non si sa mai"), macchina fotografica automatica ("per immortalare gli incontri") e...
...stop!

2. b)

Roma, sabato 9 agosto. Ore 21:00

1.

automobile	guida
aria condizionata	imboccare il raccordo anulare
finestrini	frenò
macchina	semaforo rosso
specchietto retrovisore	viaggiare
clacson	fermarsi
la freccia	proseguire
la marcia	viaggio
i fari	raggiungere
lo specchietto retrovisore	scattò il verde
	ingranando la prima
	rallentava
-	mise la freccia
	scalò la marcia
	lampeggiò con i fari
	si immise sulla corsia di sinistra

Torre San Giovanni, sabato 9 agosto. Ore 20:30

1. Perché non va più a trovarla come un tempo. **2.** È magro, non troppo alto, ha i capelli lisci, a caschetto, ha gli occhi marroni , porta gli occhiali, è timido e ha l'aria spaventata. **3.** Nonna Chelina chiama Pina dicendole di scendere, quindi non è vero che Pina è in ospedale. **4.** – Questo è Leonardo. Leonardo, questa è Chelina […].

Torre San Giovanni, domenica 10 agosto. Ore 12:00

1.

località della regione Puglia	piatti tipici	luoghi più turistici
Bari	Recchietelle	Gallipoli
Lecce	tarallini piccanti	Santa Maria di Leuca
Leuca		
Ugento		
Torre San Giovanni		
Gallipoli		
Santa Maria di Leuca		

Torre San Giovanni, domenica 10 agosto
Ore 11:00

1. Miriam e Chelina si danno del tu e Leonardo e Chelina del Lei.
2. 'Dire una balla'.
3. Fa pensare che Leonardo voglia essere trovato da qualcuno. Siccome si parla della sua stanza, probabilmente vuole essere trovato dalla sua famiglia. Si capisce, inoltre, che Chelina conta molto su un futuro intervento di Miriam.

Torre San Giovanni, domenica 10 agosto
Ore 14:00

1.

a) Era un secolo che Miriam non sedeva a tavola all'ora di pranzo.
b) Miriam cominciava già a star meglio, se star meglio poteva dirsi riuscire a rimuovere il pensiero della Grecia almeno per dieci minuti consecutivi.
c) Vero era che con la cucina di Nonna Chelina, magari non sarebbe stato difficile dimenticarla del tutto...

Torre San Giovanni, lunedì 11 agosto. Ore 10:00

1.

cibi e bevande	parole relative al mare
susine	spiaggia
fichi	costa di sabbia
uva	scogli
acqua minerale	pescare
formaggio	retino
panino	paguri
focacce	granchi
	ricci
	patelle
	gamberi
	secchiello
	acqua salata
	pescatore
	isolotto

Torre San Giovanni, lunedì 11 agosto. Ore 10:15

1. Albergo a tre stelle, semplice, non certo di lusso, ma pulito e ben organizzato. Stanze normali, bagni piccoli con doccia, balconcini per prendere il sole.

Torre San Giovanni, lunedì 11 agosto. Ore 10:30

1. a-D; b-B; c-A; d-C.

Torre San Giovanni, martedì 12 agosto. Ore 8:00

1. a) avrà; b) avrà; c) saranno.

2.

	Vero	Falso
a) Nonna Chelina si inventa la scusa del portafoglio	✓	
b) Nonna Chelina inventa la scusa per andare a fare una passeggiata		✓
c) Nonna Chelina inventa la scusa per andare a fare una telefonata	✓	
d) Miriam per pranzo si prepara una minestra di verdure		✓
e) Nonna Chelina inventa la scusa perché vede Miriam pensierosa	✓	
f) Nonna Chelina dice a Barbara di non farsi vedere in giro		✓
g) Nonna Chelina dice a Barbara di farsi vedere da Miriam	✓	
h) In gelateria Miriam incontra Jovanotti		✓
i) Miriam insegue Barbara e la raggiunge		✓
j) Miriam insegue Barbara ma non la raggiunge	✓	

Torre San Giovanni, mercoledì 13 agosto
Ore 9:00

1. a) Perché Nonna Chelina è d'accordo con Barbara ma non vuole farlo sapere a Miriam;
b) Perché in Sardegna ci sono molti giornalisti e li avrebbero scoperti;

c) Telefona agli alberghi per scoprire dove alloggiano Barbara e Leonardo.

2. d; e; a; c; g; f; b.

Torre San Giovanni, mercoledì 13 agosto
Ore 9:30

1. a) appartato; b) concitazione; c) esatto

Torre San Giovanni, mercoledì 13 agosto
Ore 23:00

1. b; d; g; i; l; m.

Torre San Giovanni, giovedì 14 agosto. Ore 6:00

1. Nonna Chelina; Barbara e Leonardo; Bettoni; Armando Righi; Eleonora Bettoni; Leonardo; Nonna Chelina; Pina; Miriam; Miriam; Barbara e Leonardo.

Torre San Giovanni, giovedì 14 agosto. Ore 12:00

1. Si aspettava il brigadiere, alto, paffuto e dall'aria bonacciona e invece si trovò davanti un ufficiale alto, sulla quarantina, dall'aspetto sicuro e professionale.
2. Perché sono in stato di fermo.

Torre San Giovanni, giovedì 14 agosto. Ore 18:00
1.

a) Barbara fu rilasciata.
b) Miriam e Barbara si abbracciarono.
c) Nonna Chelina e Pina si commossero.
d) Miriam e Barbara andarono a casa.
e) A casa Barbara fece una lunga doccia e mangiò qualcosa.
f) Miriam fece delle domande a Barbara.
g) Miriam decise di tornare dai carabinieri a prendere l'agenda di Barbara.

Torre San Giovanni, giovedì 14 agosto. Ore 20:00

1. Per distrarre il tenente e poter guardare l'agenda.

2. Non appartiene al commercialista. Appartiene a Bettoni.

3. riassumeva; rubato; compiere; stato; avere; ricattata; c'era; fosse; avrebbe; possedeva; possedere; compiuto.

Torre San Giovanni, venerdì 15 agosto. Ore 13:00

1. Il vero colpevole è Gianni Bettoni, il quale ha organizzato il falso furto per far scoppiare uno scandalo e non dover pagare alla moglie gli alimenti dopo un inevitabile divorzio.

2. Sembra che tra Miriam e il tenente Pace sia nata una storia...

L'italiano per stranieri

Amato
Mondo italiano
testi autentici sulla realtà sociale
e culturale italiana
• libro dello studente
• quaderno degli esercizi

Ambroso e Stefancich
Parole
10 percorsi nel lessico italiano
esercizi guidati

Avitabile
Italian for the English-speaking

Balboni
GrammaGiochi
per giocare con la grammatica

Ballarin e Begotti
Destinazione Italia
l'italiano per operatori turistici
• manuale di lavoro
• 1 audiocassetta

Barki e Diadori
Pro e contro
conversare e argomentare in italiano
• **1** liv. intermedio - libro dello studente
• **2** liv. interm.-avanz. - libro dello studente
• guida per l'insegnante

Battaglia
Grammatica italiana per stranieri

Battaglia
**Gramática italiana
para estudiantes de habla española**

Battaglia
Leggiamo e conversiamo
letture italiane con esercizi
per la conversazione

Battaglia e Varsi
Parole e immagini
corso elementare di lingua italiana
per principianti

Bettoni e Vicentini
Passeggiate italiane
lezioni di italiano - livello avanzato

Bettoni e Vicentini
Imparare dal vivo **
lezioni di italiano - livello avanzato
• manuale per l'allievo
• chiavi per gli esercizi

Buttaroni
Letteratura al naturale
autori italiani contemporanei
con attività di analisi linguistica

Camalich e Temperini
Un mare di parole
letture ed esercizi di lessico italiano

Carresi, Chiarenza e Frollano
L'italiano all'opera
attività linguistiche
attraverso 15 arie famose

Cherubini
L'italiano per gli affari
corso comunicativo di lingua
e cultura aziendale
• manuale di lavoro
• 1 audiocassetta

Cini
Strategie di scrittura
quaderno di scrittura - livello intermedio

Diadori
Senza parole
100 gesti degli italiani

du Bessé
PerCORSO GUIDAto guida di Roma
con attività ed esercizi di italiano

du Bessé
PerCORSO GUIDAto guida di Firenze
con attività ed esercizi di italiano

Gruppo META
Uno
corso comunicativo di italiano
primo livello
• libro dello studente
• libro degli esercizi e grammatica
• guida per l'insegnante
• 3 audiocassette

Gruppo META
Due
corso comunicativo di italiano
secondo livello
• libro dello studente
• libro degli esercizi e grammatica
• guida per l'insegnante
• 4 audiocassette

Gruppo NAVILE
Dire, fare, capire
l'italiano come seconda lingua
• libro dello studente
• guida per l'insegnante
• 1 audiocassetta

Humphris, Luzi Catizone, Urbani
Comunicare meglio
corso di italiano
livello intermedio-avanzato
• manuale per l'allievo
• manuale per l'insegnante
• 4 audiocassette

**Istruzioni per l'uso
dell'italiano in classe** 1
88 suggerimenti didattici
per attività comunicative

**Istruzioni per l'uso
dell'italiano in classe** 2
111 suggerimenti didattici
per attività comunicative

Jones e Marmini
Comunicando s'impara
esperienze comunicative
• libro dello studente
• libro dell'insegnante

Maffei e Spagnesi
Ascoltami!
22 situazioni comunicative
• manuale di lavoro
• 2 audiocassette

Marmini e Vicentini
Passeggiate italiane
lezioni di italiano - livello intermedio

Marmini e Vicentini
Imparare dal vivo *
lezioni di italiano - livello intermedio
• manuale per l'allievo
• chiavi per gli esercizi

Marmini e Vicentini
Ascoltare dal vivo
manuale di ascolto - livello intermedio
• quaderno dello studente
• libro dell'insegnante
• 3 audiocassette

Paganini
ìssimo
quaderno di scrittura - livello avanzato

Pontesilli
I verbi italiani
modelli di coniugazione

Quaderno IT - n. 2
esame per la certificazione
dell'italiano come L2 - livello avanzato
prove del 1996 e del 1997
• volume+audiocassetta

Quaderno IT - n. 3
esame per la certificazione
dell'italiano come L2 - livello avanzato
prove del 1998 e del 1999
• volume+audiocassetta

Radicchi
Corso di lingua italiana
livello intermedio

Radicchi
In Italia
modi di dire ed espressioni idiomatiche

Spagnesi
Dizionario dell'economia e della finanza

Stefancich
Cose d'Italia
tra lingua e cultura

Stefancich
Tracce di animali
nella lingua italiana tra lingua e cultura

Svolacchia e Kaunzner
Suoni, accento e intonazione
corso di ascolto e pronuncia

Totaro e Zanardi
Quintetto italiano
approccio tematico multimediale
livello avanzato
• libro dello studente con esercizi
• libro per l'insegnante
• 2 audiocassette
• 1 videocassetta

Ulisse
Faccia a faccia
attività comunicative
livello elementare-intermedio

Urbani
Senta, scusi...
programma di comprensione auditiva
con spunti di produzione libera orale
• manuale di lavoro
• 1 audiocassetta

Urbani
Le forme del verbo italiano

Verri Menzel
La bottega dell'italiano
antologia di scrittori italiani del Novecento

Vicentini e Zanardi
Tanto per parlare
materiale per la conversazione
livello medio-avanzato
• libro dello studente
• libro dell'insegnante

Bonacci editore

Linguaggi settoriali

Dica 33
il linguaggio della medicina
• libro dello studente
• guida per l'insegnante
• 1 audiocassetta

L'arte del costruire
• libro dello studente
• guida per l'insegnante

Una lingua in pretura
il linguaggio del diritto
• libro dello studente
• guida per l'insegnante
• 1 audiocassetta

I libri dell'arco

1. Balboni • **Didattica dell'italiano a stranieri**

2. Diadori • **L'italiano televisivo**

3. Micheli • **Test d'ingresso di italiano per stranieri**

4. Benucci • **La grammatica nell'insegnamento dell'italiano a stranieri**

5. AA.VV. • **Curricolo d'italiano per stranieri**

6. Coveri et al. • **Le varietà dell'italiano**

Università per Stranieri di Siena - Bonacci editore

Finito di stampare nel mese di marzo 2000 dalla TIBERGRAPH s.r.l. - Città di Castello (PG)